spot

NUESTRO SISTEMA SOL

MERCURIO

por Alissa Thielges

AMICUS

cráter   arruga

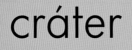

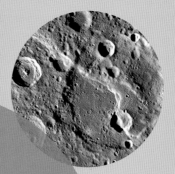

Busca estas
palabras e imágenes
mientras lees.

núcleo   nave espacial

¿Qué es ese mundo gris?

Es Mercurio.

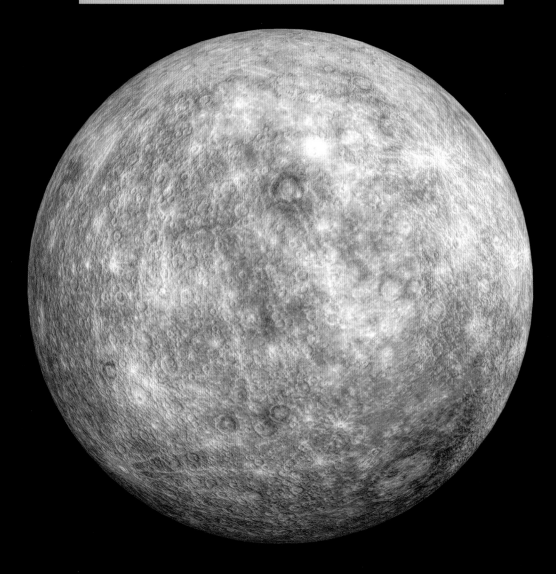

Este planeta es pequeño.

Es tan grande como la luna
de la Tierra.

Es el primero más próximo al Sol.

Mercurio

Venus

La Tierra

Marte

Sol

Neptuno

Urano

Saturno

Júpiter

¿Ves los cráteres?

Muchas rocas se estrellaron contra el suelo.

Dejaron agujeros.

cráter

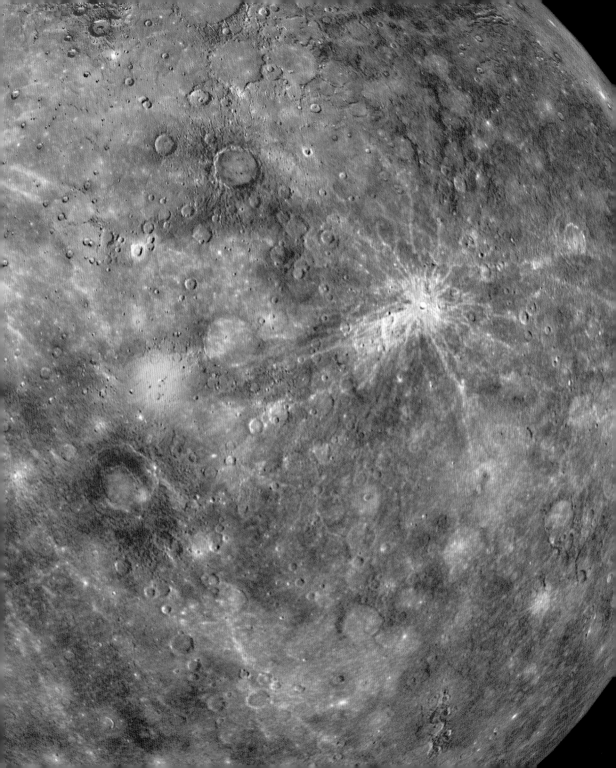

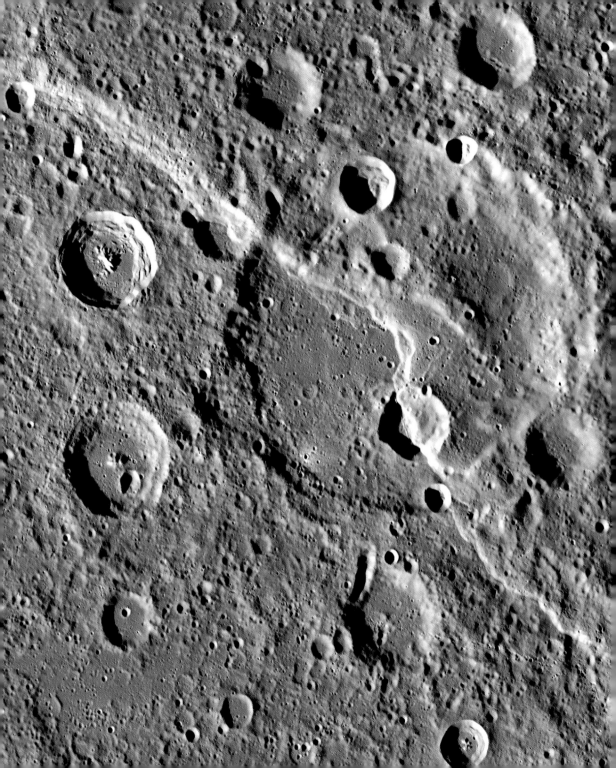

arruga

¿Ves la arruga?

Es un acantilado.

Se creó hace mucho tiempo.

nave espacial

¿Ves la nave espacial?

Pasa volando cerca.

¡Zum! Toma fotografías.

¿Ves el núcleo grande?

Está en el centro.

En él hay metal.

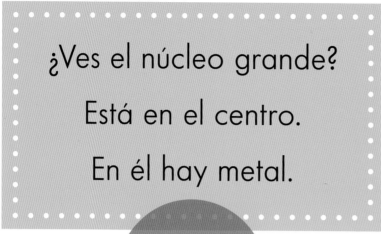

núcleo

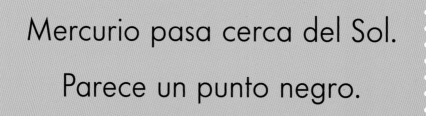

Mercurio pasa cerca del Sol.

Parece un punto negro.

cráter

arruga

¿Lo encontraste?

núcleo

nave espacial

spot

Publicado por Amicus Learning, un sello de Amicus
P.O. Box 227, Mankato, MN 56002
www.amicuspublishing.us

Library of Congress Cataloging-in-Publication Data
Names: Thielges, Alissa, 1995- author.
Title: Mercurio / por Alissa Thielges.
Other titles: Mercury. Spanish
Description: Mankato, MN : Amicus, [2024] | Series: Spot. Nuestro sistema solar | Audience: Ages 4-7 | Audience: Grades K-1 | Summary: "Mercury—rocky and hot. Early readers discover the gray planet's key features and what makes it different from other planets in the solar system. Simple, Spanish text and a search-and-find feature reinforce new science vocabulary in this North American Spanish translation"—Provided by publisher.
Identifiers: LCCN 2022049455 (print) | LCCN 2022049456 (ebook) | ISBN 9781645495864 (library binding) | ISBN 9781681529103 (paperback) | ISBN 9781645496168 (ebook)
Subjects: LCSH: Mercury (Planet)—Juvenile literature.
Classification: LCC QB611 .T4518 2024 (print) | LCC QB611 (ebook) | DDC 523.41—dc23/eng20230106
LC record available at https://lccn.loc.gov/2022049455
LC ebook record available at https://lccn.loc.gov/2022049456

Rebecca Glaser, editora
Deb Miner, diseñador de la serie
Lori Bye, diseñador de libro
Omay Ayres, investigación fotográfica

Créditos de Imágenes: Alamy/Alexander Aldatov 14; Getty/ewg3D 4-5, FlashMyPixel 6-7; NASA/Johns Hopkins University Applied Physics Laboratory/Carnegie Institution of Washington/Cover, 1, 16, 8-9; NASA/JPL/ESA/ATG medialab/NASA/ESA 10-11; Shutterstock/carlosramos1946 3, Diego Barucco 12-13

MERCURIO

Impreso en China